다섯번째 계절

김민주 시집

다섯번째 계절

2020년 12월 4일 제 1판 인쇄 발행

지 은 이 ㅣ 김민주
펴 낸 이 ㅣ 박종래
펴 낸 곳 ㅣ 도서출판 명성서림

등록번호 ㅣ 301-2014-013
주　　소 ㅣ 04552 서울시 중구 삼일대로8길 17 3~4층(충무로 2가)
대표전화 ㅣ 02)2277-2800
팩　　스 ㅣ 02)2277-8945
이 메 일 ㅣ ms8944@chol.com

값 10,000원
ISBN 979-11-89678-39-5

※ 잘못 만들어진 책은 바꿔드립니다.
　 이 책 내용의 일부 또는 전부를 재사용하려면
　 반드시 저작권자의 동의를 얻어야 합니다

다섯번째 계절

김민주 시집

도서출판 명성서림

시인의 말

활자로 된 것들을 좋아했습니다.
오랫동안 나의 허한 곳과 아픔들로부터 숨겨주고 채워주는 글이라는 공간이 있었기에 무사히 오늘로 건너올 수 있었습니다.

봄, 여름, 가을, 겨울이 겹치고 스칠 때마다 나에게는 무심한 일상처럼 스치며 지나친 것으로 보였어도 어느 계절 하나도 그냥은 없었다는 걸 알게 되었습니다.
다시 맞는 계절은 한 해전 그것이 아니었고, 이렇게 오십을 넘긴 나에게 詩를 적고 읽으며 나의 나날을 기록하게 됨은 다섯 번째 맞닥뜨리게 된 계절이며 김민주라는 나 자신의 이야기일 수밖에 없었습니다.

수많은 사람들과 인연이 얽히고설키는 과정이 대부분이 많은 배움이 되어주고 채워졌으나 간혹 당혹할 만한 사건들은 내 인생에 또 다른 문이 되어주기도 했습니다.
대입 시험을 치르고부터 시작한 아르바이트가 지금의 생업이 되어 아이를 키우고 세상에 뿌리가 되어 주었습니다.

생각해보니 지난 20여 년 동안 무얼 잘한 게 아니라, 실은 우리 집을 꾸준히 채워주신 분들의 너그러운 이해심에

도움받아 버텼고 잘살아내게 되었단 생각이 듭니다.
  그런데도 직업 특성상 시간 내기가 어려웠는데 재난이라고 할 수 있는 긴 코로나 19 상황이 글 쓸 참을 주어, 짧은 여행들- 바닷가, 호수, 산, 다른 도시들을 다녀올 수 있어, 마음의 여유가 조금 생겼습니다.

  그렇게 시작된 시를 짓는 일들이 시집으로 만들어지고 여러 사람 앞에 내어놓게 되었으니 모든 과정이 익숙하지 않은 설렘과 긴장입니다.
  시작은 그 자체로 아름다울 거라 믿고 지금의 나를 있게 한 수많은 긍정적 믿음에 기대어 생각은 미루고 먼저 걸어나가겠습니다.

  언제나 잘 가르쳐 주신 스승님
  부지런히 참견하고 조언을 아끼지 않은 지인들, 그리고 가족에게 특별히 더 감사드립니다.
  소박한 나의 글이 읽는 분들에게 조금이나마 위로가 되고, 공감할 수 있었으면 하는 소망을 담아 여전히 세상에 내놓기엔 덜 여문 곡식 같지만, 햇빛을 더 담고 순응하며 사랑하기를 멈추지 않겠다는 약속과 함께 70편의 시를 소개합니다.

차례

제1부 ● 노 란

보름달	12
연애 상담	13
쑥, 비밀	14
꿈	15
수능 한파	16
담임 선생님의 망원경	17
조카딸	18
멸치젓	19
손	20
오, 달빛 아래	21
산수유 노란 꽃	22
일상	23
보리수 수확 철	24

제2부 ● 빨 간

카페 창가에서	28
반지	29
빗길	30
감쪽같았지	31
아침 찬송	32
열일곱 소년의 첫날밤	33
아마도	34
이브 몽탕	35
철없는 남자	36
지금 할까요? 전화	37
당신 눈	38
겨울 커피숍	39
놀아줘	40
맨발을 공략하다	41
간지러워	42
나는 당신의 심장을 먹는다	43

 차례

제3부 ● 파란

이른 아침	46
금광호에는	47
소비도시	48
신호등	49
아름다움은 권력이다	50
찻잔 속 개구리	51
유리창에	52
갈치	53
적대적 공생	54
누드 출사	55
어느 편을 들어야 할까요?	56
붕어	57
눈 오는 밤	58
덜꿩 나무	59
오리 날다	60

제4부 ● 초 록

소멸의 바다	62
물	63
봄비	64
고래가	65
그의 시	66
메타세쿼이아 길	67
겨우살이	68
자작나무 숲이 그녀를 닮았다	69
하나님을 속이다	70
가을의 기도	71
존재	72
소나기	73
비 갠 강가에서	74
가을 편지	75

차례

제5부 ● 하얀

고모 죽다	78
죽음	80
세월	82
노름과 놀음	84
꿈. 2	86
너는 슬프고 나는 잔다	87
복상사 장례식장	88
어린 트로트 가수	90
장마	91
천관녀. 1	92
천관녀. 2	93
천관녀. 3	94
해설	95

보름달

달이 울먹이자
강은 흐르기 시작했다
쌍둥이 산에서 발화된 아버지의 강
달 표면에 깊은 골짜기를 그었다

일과 뒤, 시린 손으로 옥상에
밤 빨래 널던 열일곱 딸 애처로움에
붉은 흐름은 목이 메었다

그날 함께 본 보름달
지금도 세미하게 속삭이는
저만큼 열일곱 앞선 기다림의 강.

연애 상담

내가 이런 것까지 해야 해
투덜거리는 큰딸
뭘 그래
연애 상담 말이야
우리 모두 박장대소한다
딸이 아직 연애 경험 없는 이십 대
왜?
죽겠다는데 어떻게 해
딸의 방은 밤새 분주했다
아마도 친구 파트너는 나쁜,
또는 미친 엑스로 끝났겠지
다행히 딸 친구, 오늘 밤 안 죽을 거다
불행인지 모르지만, 딸은
해본 적 없는 연애에서 더 멀어지겠구나
잦은 연애 상담에 내 딸은
헛똑똑이 연애 박사가 되었다.

쑥, 비밀

아홉 살 소녀의 비밀

봄나물 중 쑥은 한해 양식으로 준비한다
동생들 데리고 논밭 두둑을 꼼꼼히 뒤져
작은 광주리를 꾹꾹 눌러 채웠다
녀석들은 쑥 칼을 내동댕이친 지 오래
해는 중천에 걸려 기울려면 멀었고
먼 논두렁 끝, 아지랑이 꼬물꼬물 아득해
어린 내가 잠시 혼미해졌나 보다
새엄마 같은 엄마도 구박하는 할머니도….
터벅터벅 한참을 걸었다

고무신은 나란히 강을 향하고
벗은 발로 굽이치는 물을 한참 지키고서야
사는 이유를 묻던 아지랑이
돌에 부서지는 물살에 몸을 던질 이유를 찾다
처음부터 없었던 답을 들키고는
벗은 신을 돌려 신고 느지막이 돌아왔다.

꿈

무서운 꿈을 꾸었다
우리 집 툇마루 앞까지 물이 들어왔다
무슨 일인지 엄마가 담배 가게 아줌마랑 집을 나섰다
놓칠세라 따라가는데 누런 진창물이 차올라 나갈 수가 없다
엄마는 저만큼 멀어지고 있는데
꿈속에서 듣지 못하는 엄마를 부르며 애가 타 울었다
깨어나서도 지치도록 울었다
엄마가 옆에 자고 있는데도 오래오래 서러웠다
승용이 오빠 집 앞에 불어난 강물이 여러 해 동안 속에서 아팠다
일곱 살배기 나는, 그 생각만으로도 한나절을 울었다.

수능 한파

남의 일이거니 했는데
돌절구 속 옥잠화 꽁꽁 언 날
온종일 허둥지둥 분주한 마음
뱃속에서 꼼지락거리던 태동
벅찬 감사가 어제 같은데
아장아장 허공 위 걸음마
고사리손 꼼지락거리던 막내
한 계단 성숙해지는 발돋움
견디느라 호호 녹였을 손
애처로운 모정으로 담은 점심을
맛나게 먹었다는 선선한 대답
열매는 주님께서 영글게 하실 일
이미 훌쩍 커버린 다혜.

담임 선생님의 망원경

우리 반 애들이 모두 궁금하다
꼬물꼬물, 졸망졸망,
어찌나 귀여운지 눈을 뗄 수가 없다
잼 나는 얘기에 초롱초롱 눈동자들
아이고 예뻐라
큰 망원경이 있다면,
맨 날 맨 날 보고 싶다
누가 뭣 때문에 호호 웃는지
속상한지, 우는지, 다 보고 싶다
나는 매일매일 궁금한 게 더 많아진다
아이들이 조금 더 커 갈수록
봐줘야 하는 게, 더 생겼다
그래서 오늘도 망원경을 들여다보며
웃다 울다 한다
렌즈 속 아이들이 훌쩍 자란다.

조카딸

길게 이모를 부르며
조카가 예쁜 얼굴을 쪽 내민다
내 품에 깃든 지 훌쩍 일 년
언니들 등쌀 용케 견디고
밝게 자라 더 곱다
괜한 걱정, 할 말은 하는 꼴이 기특해
언니에게 크게 대들었다는 얘기에
그 언니인 막내는 따로 위로해야지
다짐하며 잘했다 잘했다 응원한다
키 큰 수양버들 새순같이 웃는
조카딸의 상큼함, 세상이 온통 연둣빛이다.

멸치젓

씨알 굵은 멸치는 봄이 지쳐갈
보리 이삭이 피어오르는 사월이면 나온다
엉성한 나무 궤짝에 담긴 꽁치만 한 녀석들
때글때글 풋풋한 바다의 전사처럼
초록빛 잘 자란 사월 보리밭을 닮았다
여수 밤바다에서 시골 골짜기마다 배달되는 날
녀석들, 분주히 항아리 속 켜켜이 눕는다
묵은 소금 넉넉히 둔 덕에, 그 밤 알지게 쓰이고
항아리 뚜껑 갈무리하는 손이 야무지다
듣는 사람 없는 마당에 대고 "잘 덮어야 한다 잘"
혼잣말 고무줄 칭칭 감아놓고 허리를 편다
식당 하는 큰딸네 보낼 거라 더 조심스러운가 보다
그렇게 따가운 햇볕을 오래 견디고 가을이 되면
설레는 마음, 항아리 가슴을 조심스레 열겠지
잘 삭힌 멸치가 건더기째 넉넉하고
고소한 젓 냄새에 엄마는 자랑스레 웃다 전화를 건다
'야야 이번 젓갈 진짜 맛있다' 흥분하신다
울 엄마 가슴속 묵은 원망도 삭혀졌으면 좋겠다
아부지 미운 것도 흰 소금에 몽땅 녹았으면 좋겠다
여름이 몹시 더워 젓갈이 더 맛나졌다고 하셨다.

손

나의 손은 늘 분주했습니다
거칠고 투박함 속에 담긴 진실
때론 깃발의 이념일 수도 있었습니다
소녀의 손은 가늘고 애처로웠답니다
첫 월급 만 원짜리 네 장은 무서움이었습니다
아이가 자라며 그녀의 손은 더 두꺼워지고
절망의 순간에는 거칠기까지 했습니다
그녀가 사랑을 기억하는 순간 심장은 녹고
투박했던 손은 다시 부드러워졌습니다
나의 손은 매일의 일기장입니다
현실과 진실의 굴레를 벗어날 수 없는 손
그것은 바로 삶이며, 일상입니다
모든 것을 함축한 역사입니다.

오, 달빛 아래

이모:하나
조카:둘
딸:도 둘
밤 소풍 나왔어요
찻잔 다섯이 올망졸망 따뜻하고
비스킷 몇 개, 식빵 두 조각, 딸기잼
인증샷 먼저, 다음은 바람 샷
가지런히 옥상에 누워 달 구름 산책 중
다섯 마리 굴비 두름 기류를 타고
달빛 속 자전거로 E.T.처럼 오르다
빨랫줄에 걸려 간신히 내려왔어요.

산수유 노란 꽃

오래전 그 길에는
고목이 된 산수유가 길게 서 있었다
동네 어르신들은 그 밑동
여기저기 자란 머위 대를 더 좋아하셨지
봄이 오면 먼 곳에서도 노란 마을이 예뻐
눈을 매어놓고 걸어 들어갔고
끄트막에 아부지라도 서 계시면....
산수유나무 뒤 과수원 추억까지
처음 동생들 끼고 사과 서리 나섰을 때
올려주던 나무, 치마를 넓게 펴서
사과를 받던 막내까지 그날의 사과 서리는
산수유 나무 비호 아래 완전범죄로 끝났다
강변 마을 초입 골목에 늘어선 산수유
거칠게 고목 되어 노란 안개로 피어오른다
돌아가신 아부지가 아련해지는 봄이다.

일상

저녁기도까지 끝낸 시간
살그머니 잠자리에 찾아와
곁눈질로 멀뚱거리는 상념들
재촉하는 내일에 설익는 잠
토닥토닥 껴안아 보는 포근함
어머, 또 예약되는 지각이네.

보리수 수확 철

유월 장마가 코앞
산중 비탈진 언덕배기 밭
농익은 보리수는 걱정이 산만큼 커간다
꽃피우고 맺은 정성 풀숲에 쏟을까 노심초사
모친은 아픈 몸으로 밤새 잠을 설쳤다

기특한 큰딸 새벽잠을 물리고
논두렁 길 두런두런 젖은 풀잎 헤치자
포도송이 마냥 알알이 붉은 보리수 나무들
얘기치 못한 풍요 앞에 놀랐지만
"무엇을 상상하든 그 이상이 될 거다."
호방하게 내뱉는다

처음의 감사가 노동으로 바뀔 즈음
함께 한 남자에게 노래를 청해 듣다
주거니 받거니 광주리에 노동요까지 빨갛다
새 아침의 여유와 수확의 기쁨에 취해
그만 서로에게 '사랑한다.' 고백하자
보성강 안개는 애정행각을 숨겨주느라 분주했다

낯 뜨거운 왕대 나무숲은 얼굴을 붉히다
키 높이로 자란 죽순들까지 합세해
모아둔 작은 물방울들을 죽비로 내리쳤다
화들짝 놀란 두 사람, 파리똥 수확에 전념하니
보리수나무 아래 가부좌 튼 부처는
감은 눈 아래 엷은 미소를 달았더라.

제2부

빨간

카페 창가에서

호수는 일렁이고
고요 속 당신도 술렁인다
흐르듯 가는 듯 물결쳐 오는 듯
그대는 호수일까
흐르는 시내일까, 마침내 바다일까
닻을 내리는 다이아몬드 호
달뜬 연인들 흘깃거리며
선창가 네온 속으로 숨어들고
빈 바다만 너울너울 춤추는 시간
마지막 승객으로 남겨진 나는
출항을 꿈꾸는 당신 가슴에
가만히 가만히 꽃을 태울 거예요.

반지

여명이 다가오는 새벽
뜻밖에 내민 당신의 작은 상자
내가 받아도 돼 '미쳤어' 말했다
불쑥 내뱉은 말로 무안해한 약지에
앙증맞은 반지를 끼워주고선
꼭 맞음에 얼마나 기뻐하는지
'답례로 뽀뽀도 하던데' 부추겨 챙긴다

지난 세월,
반지 없는 내 손이 참 좋았는데
이젠 다른 삶의 출발인가
주신 의미 명확히는 모르지만
반지 낀 손으로 무엇이든 하겠지
뭐 사랑이겠지 짐작이다, 그것만 아닐 수도
매일 반지를 끼고 일할 거다
좀 거식하지만, 사랑이라고 동의한다.

빗길

뿌연 연무 고속도로 낮게 깔리는 저녁
우리는 따스한 작은 공간을 차지하고
남자는 긴장으로 작아진 눈썹을 모으자
여자는 분홍 스웨터 단추를 두 개쯤 풀어 놓는다

처음 여행길 설레는 심정을 겨울비가 촉촉이 적셔주고
행여, 차 안 애정행각이 들킬세라
창문 유리에도 뿌연 성애가 커튼이 되고
남자는 연한 미소로 눈이 아니고 비라서 참 좋다
여자도 따라 그런가 해 웃는다

'빗길 사고 다발 구간' 안전 운전 당부하는
네비 여인의 음성조차, 먼 동네 이야기인 듯
조용히 웃으며 서로를 즐기는 오늘입니다.

감쪽같았지
- 속마음 들키면 지는 게임

처음 만난 날, 정말 어색했는데 감쪽같았지
네가 바쁘게 너를 던질 때, 풍덩 너를 받았는데 감쪽같았지
두물머리 산책길 남자다운 너를, 쪼끔 깔봤는데 감쪽같았지
첫 여행길 네가 몰래 손을 잡을 때, 진짜 부끄러웠는데 감쪽같았지
끝 모를 우리 이야기, 헤어질 때마다 동동거렸는데 감쪽같았지
조금만 사랑하는 척했는데 감쪽같았지.

아침 찬송

어제는 내 여인이 아프다 하니
허둥지둥 이 약 저 약, 다 챙겨 건네주고
간신이 마음을 가누고 견뎌냈다
오늘은 당신이 좋아졌다 소식 전하니
찌개 끓이는 손이 재미지고 찬송이 흥얼흥얼
하마터면, 어제 그분께 투덜댈 뻔했는데
휴 잘 참았다, 가슴을 쓸어내린다.

열일곱 소년의 첫날밤

좋아하는 베개를 하나 더
읽고 싶은 책도 한 권
함께 쓸, 큰 노트도 필요해
그녀를 빗겨줄 머리빗까지
혹시 겨울이면 수면 양말 두 켤레
참 내가 안고 자는 고양이 인형, 빠질 뻔했네.

아마도

함께하는 시간이
서로를 사랑하게 되었을 걸 아마도
서로를 가졌던 몸짓들은
사랑의 언어이었을걸 아마도
오랫동안 마주 보는 눈빛은
빚어갈 희망이었을걸 아마도
주고 또 준 글들은
커피 향 러브레터 일 걸 아마도
정결치 못한 어떤 것도 거부함은
당신의 소중함 일 걸 아마도
또다시 만날 궁리에 분주한 내 마음
아마도, 아마도....

이브 몽탕

몽탕이 몽땅서럽다
그럼 난, 이브인가
멜로디는 가을 숲길로 이어져
감미로운 몽환이 된다

낙엽이 바삭거리는 길
이어폰을 꽂고 걷고 싶다
혼자서 걷고 싶다
가슴속 누구와는 함께.

철없는 남자

이른 아침 다육이 분 앞에 쪼그리고
쫑알쫑알 '너 엄마는 임신도 못 한다'
꽃대가 올라온 화분 앞쪽으로 옮기며
콩알 콩알 '네 엄마는 아기도 못 갖는단다'
너는 꽃을 피웠으니 맨 앞에 둬야지
너 엄마는 임신도 못 한단다. 투덜투덜
남자는 여자 속옷을 정성스레 개었다.

지금 할까요? 전화

수줍은 마음 다 들여다보이네
가을비 그 차가운 감촉도
서로에게로 기우는 마음
전화기 속, 쏟아지는 숱한 얘기들
그냥 알겠네요
아껴 주심 감사드립니다
오늘은 이 비가 종일 온대도
절대 투덜대지 않을 것 같습니다.

당신 눈

가늘게 떨리다
별안간 터지는 먼저 웃는 눈
이윽고 평온해지는 얼굴
활짝 치아가 드러나고
온통 반짝거리는 두 뺨
가득한 눈웃음 ㅋㅋㅋㅋ
숨이 막힙니다.

겨울 커피숍

밤늦은 커피숍 이 층 창가
따뜻한 찻잔을 감싸며
커피 향보다 짙은 미소를 짓는다
애틋한 낮 만남 때
스승에게 과제물을 내밀듯
'하나님을 속이다' 시를 보고선
만면에 환한 얼굴이었고
앞서 폭포같이 쏟아지는 웃음소리
너무 선하고 멋진 여운
가슴속 사랑 한켠 저장했다
그래서 잉태된 시 한 편
'당신 눈'
빛나던 당신 얼굴, 다 그리지 못한
내 언어의 아쉬움에 詩經을 펼친다.

놀아줘

이모티콘 불량소녀 깻잎 머리가
뾰로통하며 입술 내밀어 '놀아줘', '심심해'
함께 있어도, 끝 모르게 익숙해져도
나, 너, 우리는
여전히 부족한 듯 혼자면 어색하다

시작부터 그랬던 서로
쌓이고 커질 내일은 어쩌면 좋아
그냥 딱 붙어 다니고 싶어서
슬퍼지도록 보고 싶은 당신
겨울비 오는 차가움에 식혀보아도
후들거릴지라도 이고 다니고 싶어

우린 너무 감쪽같았어요.
그토록 오랫동안 기다리고 있었던 것.

맨발을 공략하다

아직 체 데워지지 않은 이불 속
그의 맨살이 보이면 쏜살같이 내 발을 올린다
처음엔 당황하던 그, 가만히 언 발을 견뎌주곤 한다
따스함이 혈맥으로 스멀스멀 번진다
모닥불 같은 온기가 내 마음을 천천히 데우고
부산하던 하루가 비로소 평온해진다

삶을 지탱해 왔던 투박한 발
구겨진 육신으로 떠받쳤던 버거운 어린 가장
잰 발걸음으로 쓴 하루 치의 무게들
힘겹고 모진 상처에 긁힌 발바닥으로
인생의 기쁨과 평온에서 밀어내어진
척박한 발의 아림이 도리어 한기를 이끈다

내게도, 누구에게도 내어주기만 한 발
그 사람의 따스한 마음 자락이다
진실은 말이 아니라, 발걸음에 있다 듯
누구에게도 주고픈 마음, 동분서주한 발
그래서 그렇게 뜨거워져 있나 보다.

간지러워

네가 빤히 보고 있으면
내 얼굴이 간지러워져
네가 손을 잡을까 말까 망설일 때도
나는 가슴이 간지러웠어
뭐가 좋은지 막 웃을 때도 마구 간지러워져
그냥 너랑 있을 때
자꾸만 자꾸 간지러워져.

나는 당신의 심장을 먹는다

쿵쿵 쿵쿵 당신의 심장 소리
난 거칠게 그대의 박동을 삼킨다
그러나 이내 들키는 천진함
두려움에 주눅 든 붉은 눈,
해맑은 나를 보는 순간, 회한을 건너
쿵쿵 당신의 발작 같은 경련
재빨리 핏덩이를 삼키고 나른한 잠에 빠진다
내 속에서 뛰는 또 다른 심장, 당신
지워졌던 원초의 나를 잉태시킨다
쿵쿵 쾅쾅 갑절의 무게
비틀거리며 당신으로 향하는 나의 걸음
이윽고 혼돈이 멎은 날부터
당신은 나의 심장을 지배하고 명령한다
처음 당신을 만났던 그 날처럼.

이른 아침

몰래 내딛는 호젓한 개울가
개켜둔 금침 감촉의 신선한 들숨
펼쳐보기도 전 행여 바스러질까
조바심치는 상념의 발자국 쫓아
슬그머니 흑판에 서는 면면들
예수, 석가, 장자, 스피노자,
자라투스트라,… 그리고 또 한 사람,
어느새 데워진 나무 벤치 위
볕을 밀쳐내고, 로댕의 조각되어
성큼성큼 넘어가고, 넘어오는
너에게로 가는 징검다리 사이
서늘한 여울 위로 낙엽을 적신다
영글지 못한 그리움을 띄운다.

금광호에는

비가 오는 날은 더 좋다
수면이 물을 먹어 부풀어 오르면
수묵담채화 화폭이 넓게 펼쳐지고
우산 들고 앞서가는 그가
다시 그리운 그가 되기도 한다

물 밖, 거꾸로 자라는 나뭇가지가
수면 아래 뿌리를 감추듯
내 마음속 젖은 물기를 숨긴
비 오는 날 무채색 몽환이 된다

외로 이어지는 길목엔
허기진 수면을 통째로 데운 듯
아지랑이 닮은 김 모락모락
빠가사리를 꼭 넣어서 끓인 잡어 매운탕
도토리 수제비, 강과 기슭의 상수리나무까지
모두 해치우고서야 포만감으로 넉넉해졌다
주인아주머니 큰 손이 한몫했고
누구에게도 마음 내주는 길냥이도
내 배고픔을 채워주었다

이제, 금을 캐러 가도 될 것 같다.

소비도시

누구나 소비를 한다
늘 무언가를 사고, 늘 버린다
나도 팔리기도 한다
나 또한 누굴 사기도 한다
일상처럼 아무렇지도 않게
아픔도 없이 팔리고 있다
남자는 떠나며 말했다
너는 상품이니 금방 팔릴 거라고
아, 내가 빛깔 좋은 과일이었구나.
몰랐다, 인정해줘서 고맙다
나도 누군가에게 소비되는 것이었구나
아, 무섭다
누가 누굴 소비하는 세상, 징그럽다
더, 더 무서운 건
내가 내 인생을 소비했다는 걸
오늘에서야 알았다.

신호등

바뀌는 거라며
금세 파란불이 켜질 거라며
근데, 왜 나는 계속 빨간 불이야
신호등이 고장 났나 봐

아니 VIP가 지나간대,
높으신 분이 지나가실 때까지
오래도록 빨간불에 서 있었다
당연한 듯,
파란 약속이 깨지며 붉은 얼음을 남겼다.

아름다움은 권력이다

지는 석양 노을에 넋을 놓았다
저번에도 그랬고
이번에도 그랬다
생각해보니 그전 어느 때도 그랬다
그래서 아름다움은 절대적이다
그는 질투로 빨갛게 익어갔다.

찻잔 속 개구리

낭만이 문턱 없이
무시로 넘나드는 카페에
일상이라는 되돌이표가 삭제된
간결한 공간
몇 권 갖추지 못한 책꽂이처럼
무한한 텅 빈 풍요도
코앞에 놓인 찻잔 속으로
고민도 사랑도 미래도 쏙 들어간다
우물 안을 꿈꾸며.

유리창에

말간 유리창, 내내 들이친 비의 흔적
물방울무늬 원피스 살랑살랑 실크 감촉
호수 잔물결 위에 스크린숏
검은 하늘을 헤집고 태양이 신처럼
운명처럼, 거칠게 등장하자
간신히 버틴 방울들이 위태롭게 웅크리고
남자는 방어하듯 거칠게 블라인드를 내려
그녀의 젖은 눈 속으로 숨어들었다
무방비로 드러난 사내의 실체
별안간 동공 속으로 빨려든다, 급히.

갈치

짙푸른 바닷속
꼿꼿이 세운 몸으로 미끄러지듯 헤집는다
눈부신 몸에 닿는 바다가 상쾌한 밤
노회한 어부의 그물망은 길을 막고
사로잡힌 자, 격렬한 분노의 회한
아무 일 없는 듯 은빛 아침이 다가오고
싱싱한 자태에 지갑은 스스로 친절해져
너의 몸 은빛이 털리려는 도마 위
멎은 심장으로 마지막 결전을 준비한 듯
방심한 틈 왼쪽 손가락 두 개를 깊이 찢었다
피가 솟고 날카로운 네 이가 물드는 순간
끈적이는 붉은 눈은 바다를 본다.

빼앗긴 적 없는 바다를 지킨다.

적대적 공생

네가 적으로 존재할 때
나에게 안전이 주어진다면
넌, 나를 공격적으로 위협해야
나의 내밀한 어둠을 숨길 수 있지
사랑한 적도, 좋아한 적도 없지만
내가 존립하기 위한, 넌 나의 울타리야
그래서 필요악으로 가끔 소통하기도 해
마지못해 던지는 먹이처럼.

누드 출사

우르르 몰려드는 카메라 렌즈
거리를 좁히며 발기한다
훔쳐보기도 합법적이다 보니 가관이다
그녀의 나신이 꿈틀하자
늦깎이 총각, 누가 볼세라 고개를 처박고
앞에서 밀려난 뒤쪽 구석에서
대충 얼굴만 찍어대다 필름 다 쓰고
엉큼한 유부남 사진사, 고개를 쑥 빼
집요하게 골짜기 헤집다 필름을 한꺼번에 날렸다
그날 밤,
그 유부남은 까닭 없이 미안해, 젊은 아내를 밤새 사랑하였고
총각 사진사는 그녀의 얼굴 사진만으로도 밤을 하얗게 지새웠다

그녀 또한 낮의 부끄러움이 살아난 듯
단단히 여민 잠옷 사이로
밀고 들어오는 사내들 통에 밤을 통째로 내어 주어야 했다.

어느 편을 들어야 할까요?

포격 소리 한밤을 생살 저미듯 나는 총탄 울음
젊은 가장은 제 두려움보다 더 큰 걱정
세 살배기 아들, 아직 처녀티 못 벗은 아내
배속에는 둘째까지 들어섰으니
몰래 스며든 동굴 속 비좁은 맨바닥에 앉아
추위와 허기도 괘념치 않고 파고드는 산 너머 포성
성큼성큼 발치로 들이닥치는 환영
새가슴 되어 졸아들고, 눈빛이 흔들려도
아무 일 아니라는 듯 힘준 어깨가 저릴 즈음
밤낮을 가늠하기 힘든 동굴 거적을 걷는 총부리 사내들
어느 편이야? 어느 편?
할아버지는 두려움 중에도 어느 편을 들까요?
되묻는 재기로 아버지를 살렸고 고모를 태어나게 했다
칠십 년이 지난 미증유의 대립, 같은 질문을 던진다
어느 편이 될까요?
우리라는 공동체 이름으로 또다시 묻는다
오늘 우리 편이 어디입니까?

붕어

지난밤 내리 온 비
촉촉해진 기대로 숨어든 금광 호수
삼월 시샘 겨운 찬바람에도
봄 붕어 산란 터, 물 버드나무들
연둣빛으로 부풀어 오르고
불어난 물이 거친 데크 산책로
옛 시인의 절구를 더듬는 호젓함
팔뚝 굵기의 물고기 수면에 튄다

썩은 말 숲에서 꿈틀거리는 지느러미
간혹 알을 낳다 지친 붕어들은
허연 배때기를 드러낸 체
삶의 마지막 유영으로 숨이 찬다

시래기 푹신한 냄비 침상 속
생의 점호가 끝나, 가지런히 누워
양념 레쉬피 이불 뒤집어쓰고는
당번병 장작 화목에 등때기 지지는
붕어찜의 기대에 루어를 던지는 사내
스치며 상념에 잠겨 걷던 밤
태몽 꿀 나이 훌쩍 지났는데
밤새 우리 집 마당에 물길을 내며
씨알 굵은 붕어 떼가 들이닥쳤다.

눈 오는 밤

첫날밤
하늘의 성은이
온산을 하얗게 더듬다 취한다

부드럽게 나부끼는 실루엣
안으로 꿈틀거리는 골짜기의 떨림은
숲새들을 놀라운 동공으로 잠잠 캐 하고
매혹적인 젖가슴 굴곡진 음영의 곡선
긴 신음을 토해내며 온밤을 휘감는다
상기된 붉은 마음
쌓인 냉기마저 삭히지 못한 듯
주저하며 창을 비껴가는 아침 햇살

서툴고 황급한 첫날 밤 사내처럼
길을 내는 그 사람 거친 숨, 산을 오른다
순백의 처녀 정갈한 이불 걷어
은밀한 깊은 골을 하얗게 내어주었다.

덜꿩 나무

타원형 마주 보는 잎
꿩 솜털같이 부드러운 새순
우듬지 끝 한 아름 꽃망울을 이고
사월의 훈풍에 살랑거린다
술 덜 깬 면서기 붓대가 흔들려
들꿩이 덜꿩으로 먹칠해도
이웃한 진달래 연분홍 얼굴이
점점 붉어지는 산동네 남세스러워
三凍 견뎌낸 인내로 꾹꾹 눌러서
하얀 꽃 흐드러질 날을 꼽으며
따사로운 봄빛이 등을 데운다.

오리 날다

수면 위 한가로운 듯
앉아있는 오리는 참 정겹다
그것도 잠시, 누가 먼저랄 것도 없이
평평하게 다져진 수면을 길게 가르며
흔적 그대로 하늘 저 멀리 날고 있었다
하늘을 향한 거침없는 기운이
육중한 몸짓으로, 걱정과 부러움이 된다
비 오는 호수
유유히 날개를 터는 오리들은
피어오르는 안개를 타고
어느새 경계를 몰래 감추어 버린다

나는 오리를 좋아한다
특히 비상하는 그 순간의 오리를
그리고 꿈을 꾼다
더 육중한 몸을 도움받, 까치발을 하고서
집오리로 길러진 오늘을 털고서야
태고의 거침없던 날들을 기억해낸다
비 오는 어스름 녘이면 어김없이 물을 차고
비상하는 연습을 오리들에게 들킨다.

제4부
・
초록

소멸의 바다

탁 트인 바다가 그리울 때 찾는
다이아몬드 카페 이 층 창가
드넓게 펼쳐진 보통리 저수지
한동안 물결만 바라보다
운 좋게도 바다를 만나게 된다.

일몰의 시각
설렘 가득한 출항의 뱃고동
붉은 유리에 비친 바다는
흔들리는 수면에다 詩를 쓰고 있다
촘촘히 행과 연으로 얽히는 물결
수평선 비등점을 향한 소멸의 파도

연인의 푸른 눈망울마저 봉인한 채
무심한 듯, 유심한 듯 너를 쓰다 보면
비로소 바다는 길을 내고
우리는 무거운 항해를 시작한다.

물

겨울 가뭄 깊은 골
바위틈 청아한 물소리

작은 울림은
이윽고, 은밀한 간음조차
돌을 치켜들어야 할
두렵도록 큰 음성
청청한 녹음 짙푸르던
굵은 비의 기억이 가물거리고
갈바람에 바스락거리는 낙엽
골 깊은 산중 후미진 곳
맑고 정갈한 당신의 정수가
어우러지는 작은 개여울
거부할 수 없는 큰 울림으로 흐른다.

봄비

베란다 허리만큼 올라온 전나무 우듬지
밤부터 아침 내내 소복소복 비를 맞았다
뾰쪽한 잎마다 나란히 맺힌 물방울
실로폰 소리가 딩동댕 딩동댕
옆에 늘어선 산수유 노란 망울도
딩동댕 딩동댕 터지고 말았다
우리 집 창가,
게으른 양파 순이 파랗게 뒤틀며 올라왔다
비는 소리로도 적시나 보다
양파 순도 나도, 얼마간 더 푸르렀다.

고래가

고래다, 고래! 놀라고 다급한 소리에
황급히 달려온 당신
어디, 어디야? 어느 쪽이야?
저기, 저기 봐 저쪽 가잖아
물은 거세게 요동치며,
등허리를, 갈퀴를, 꼬리를 감춘다
여전히 물살은 배 주위를 뒤집듯 삼켜가고
놓친 고래 아쉬워하는 당신을 위로하며
진짜 크다. 그치?
놀란 가슴을 쓸어 담는다

그날 밤 한강 변의 강풍이
지독했단 뉴스를 들었다
바다를 탈출한 고래 이야기는
어디에도 없었다.

그의 시

시인이 되기 전부터 숨겨둔 눈물이
시인이 된 후 결국 경사진 계곡물처럼
거칠게 흐르고 기록되었다
시는 남자보다 조금 더 처절하고 자주 외로웠다
그래서 그는 시인이다. 결국

메타세쿼이아 길

메타세쿼이아 꼭대기에 달을 장착하고
해 질 녘 어스름에서 남은 빛을 밀어냈다
그때 서야 쓰임새를 알아차린 듯
나무는 살짝 긴장하고, 궤도를 어림한다

그날 밤, 외진 나무 아래
뜨거운 키스의 열정은
떨구고 갈 보조 연료가 되었다

나무는 뿌리째 온전히 발사되고
나는, 또다시 별을 장착하고서
먼 옛날 출발한 그의 메시지를 감지한다
메타세쿼이아를 모두 쏘아 올려서라도
당신의 미세한 떨림에 궤도를 맞춘다.

겨우살이

얼어붙은 시간
해빙기에 들어서자
춥고 길었던 기억을
비로소 마주할 수 있었다

외롭고 두려워 더 길어진 시간
우울한 마음이 만든 허튼 좌절
비좁은 자존심의 언덕에선
나만 왜….
그렇게 무채색 날들이 더한 어느 날

왕국 얼음을 깨는 작은 소리
그 다정한 노래 들리자
가슴이 자꾸 심쿵 합니다
사랑에, 이제야 스멀스멀 깨어나고
나의 겨울을 세차게 걸어 나옵니다.

자작나무 숲이 그녀를 닮았다

하얗고 긴 자태가 닮았다
햇살에 윤이 자르르 흐르며
산들바람 간지러워 깔깔거리는 잎들
반짝이는 당신 미소를 훔쳤나 했다
건강한 나무숲이 되는 세월 속
베어지는 이웃 나무에 하얗게 얼어붙은 시간도 거쳤고
가장 가까운 이에게 마음 꺾인 날에는
절뚝거리는 다리로 생각마저 가난에 절었다
가뭄이 긴 어느 해
버석거리는 심장이 촉촉한 꿈을 지었다 흩었다
웬만한 빗줄기로 깊이 마른 흙을 적셔 내기 어려웠을 거야
살아남는 게 이기는 것인가
이기는 게 살아남는 것인지
깊고 어두운 곳에 뿌리를 내려야 했지만
그녀는 오늘 싱싱하고 푸릅니다
나무의 하얀 몸뚱이 하늘로 긴 다리를 놓습니다
그녀의 삶도 속의 꿈도 살았습니다.

하나님을 속이다

나에게 불편한 것
너에게 맡기면
내 속이야 편하지
네 속은 어쩌나?
그냥 네가 속을 끓여라.

가을의 기도

이다지도 고운 가을빛
당신의 모습인가요
뺨을 스치는 부드러운 바람결
주님의 손길인가요
마당 한 모퉁이 망울망울 예쁜
은총 송이 국화들
친구 하자며 찾는 참새 한 마리
풍성한 하루를 찬양합니다

하지만 구르몽의 노래처럼
지난 음울한 기억들
집이 없는 이들은 다시는
집을 짓지 않는 삭막한 만추
못난 가시로 가을이 찢긴 이들
주님, 부디 당신의 풍성한 계절로
꼭꼭 감싸주소서

차가운 삭풍이 몰아치기 전.

존재

태초의 발화점을 망각한
기억 소립자들의 방황
존재로서 존재를 묻는 아둔함
어디서부터 나인가
의문 속 너는 무엇인가
범상을 거부하는 몸부림
이유도 없이 찾고
찾을 거리를 만들며 묻는다
빈 솥단지 걸고 불 지피듯이.

소나기

슬픔이 차오를 때
너를 만나면 시원하다
펑펑 울기라도 하면 더 시원하다
울지 못한 슬픔의 감옥
무거운 마음, 갇히고 사로잡히기 일쑤
뭐든지 버릴 수 있다면 좋겠다

거침없는 소나기 속
울기도 하고 웃기도 해야지
비를 핑계로 어쩔 수 없었다고
퍼붓는 빗속에 우는 눈도 감춰야지

그제야, 한결 가벼워진 난
내일을 살 물기를 뿌리에 저장할 수 있었다.

비 갠 강가에서

길게 늘어선 물 버드나무에
봄비가 밤새도록 내렸다
강으로 휘늘어진 허리를 굽혀
수면에 깔린 아침 안개 속에서
가지 끝에 방울방울 눈물을 건졌다
물이 많은 녀석인 줄은 알았지만
가지 끝 사이사이 눈물을 보이고야 말았다
오늘은 비가 와, 아무도 안 올지 몰라
안개 때문에 못 볼지도 몰라, 실컷 울다 왔다
강가 물안개 속에 묻어, 오래도록 서 있다 왔다.

가을 편지

형형한 고운 빛
다난함을 넘어가고
껑충거리며, 구름 속 다리
지난 발자국, 다 세지 못한 채
가고픈 마음은 만추의 끝자락
비록, 함께 거닐지 못하지만,
뉘라도 좋으면 되였지
혹여, 너라도 좋으면 되였지
너여서 다행이구나했지

사진 속 당신을 보며.

고모 죽다

열두 살 소녀는 부모님 성화에
위암 걸린 고모 댁으로 보내졌다
고통 중에도, 위세 당당하고 어려운 분이었고
투병 중, 떠맡겨진 손주 녀석들까지 품고는
버겁지만, 강건히 버티는 중이었다.

밥 짓고 남은 불씨 모아
생선 구울 때면, 내 털털함을 깐깐히 타박했다
정작, 상에 올라온 것마저 바라만 보시면서
손자들이 뼈째 꼭꼭 씹지 않는다고 나무랐다
갑갑한 속 달랠, 수박 심부름도 자주 시켰지만….
모멸 차게 스스로 목숨을 거두셨다
미처, 쌓였던 정이 없었기에
당연한 듯, 나는 눈물도 없이 보내드렸다

삼 년 뒤 중학교 미술 시간
고모, 상실, 영원한 이별, 죽음,
이런 것들이 머리에서 가슴으로 내려오고
소녀는 철철 눈물을 흘리며 운다
멈출 수도, 숨겨지지도 않은 슬픔은
긴 오후의 햇살 속에서

소녀의 영혼을 짙게 물들인다
이제 소녀는 처음 죽음이란 단어를 배운다
고모는 그렇게 나의 곁을 떠났다.

죽음

영원한 세계로 가신 뒤
외로운 사랑 하나 덩그렇게 남는 게
소멸이 아닌, 또 다른 생성이라면
홀연히 가신 원망이 조금 작아질까요
누군 감사로 가는데, 난 더 울게 되고
상실한 삶의 의미는 쓸쓸함 일 거예요
당신이라면 슬픈 노래로 달랠 별리의 아픔에
추억의 燒紙를 사르며, 촛불 밝힌 책상에 앉을 거예요
늦은 밤,
일상이 끝날 때마다 새록새록 피어날 추억들
눈물 자국 노트에 아프도록 쓸 거예요
처음 당신과 걷던 숲
두 물 머리 세한도의 기억
남행열차 안에서 내 살에 닿던 부드러운 손길
함께 해바라기 하던 항구의 물빛
마지막 소멸의 아픔까지 반추하며
꼼꼼히 이어 갈 거예요
당신에게 비밀로 하고 싶은 것도 좀 쓰겠지요
나 혼자 두고 먼저 간 벌이예요
그리곤 당신을 소멸에서 끄집어낼 거예요

나는 당신의 완전한 여인이고
당신은 나의 몸 언어로 완벽한 내 남자로 탄생하는 황홀경
우리의 사랑은 소멸을 넘어서 눈부시게 생성될 거예요
맨 처음 당신을 만난 날처럼.

세월

가게 문 닫을 시간
어둡고 찬바람을 몰고
거친 입성의 세 사내가 왔다

십수 년 전
개업 축난 보다 아름다웠던 가정
젖먹이 딸 무릎에 앉힌 필리핀 여인은
몸매보다 더 풍성한 내일의 기대에
그윽이 꿈꾸는 눈길로 사내를 담았다
산수가 두 번 바뀐 세월
굴곡진 삶의 시간은
무채색으로 리셋 된 가족이
고만고만한 사내 셋의 구도로 바뀌었다

애라도 키우지
가족이 함께 있는 게 어디냐
가장 연배의 시선이 사내를 재촉하자
삼키듯 넘기는 소주에 젖은 언어를 내뱉는다
자식들 못 본 지 십오 년이여
결혼을 한 건지 안 했는지도 모르고
막내가 충고할 입장도 못 된다는 듯

형, 형은 형수가 안 받아 준다며
톡 쏘듯 비꼬며 입을 막는다

자정이 가까운 시간
쫓기듯 마지막 잔을 삼키고는
미안한 표정으로 식당을 빠져나간다
어둠이 언제나처럼 공평하게
세 사람 어깨 위로 가지런히 내렸다.

노름과 놀음

처음에는 다 놀음이다
인생 대박의 짜릿함 이 판만, 한판만,
어김없이 노름으로 자리를 옮긴다
남편 없이는 살아도 노름방 없인 못 살아
번듯한 서울집 세 채를 거친 입으로 토하며
중년 여인은 오늘도 구름 계산기를 두드린다

어느 늦가을 고향마을
가을걷이가 끝난 들판을 메우듯
스며든 타짜들, 평생 못 버린 허망한 속내
당숙은 꾼들의 표적으로 자빠지고
삭히지 못해, 굴비 두름처럼 엮였던 아버지
저당 잡힌 땅뙈기마저 날려버렸다
동네마다 타짜들 알박이로, 추수 때면
앞잡이로 나서 치부한 친척뻘 아재는
그 돈으로 땅 사고, 맨 처음 냉장고도 사고
거들먹거리다 壽도 못 하고 갔지만
화병에 길길이 뛰던 아버지 타박만 하기엔
힘겹게 팍팍해진 삶, 빚더미에 어머니는
고운 새댁의 수줍음을 소쿠리에 이고
삼 년 넘도록 발품 파느라 허리를 졸랐다.

놀음과 노름의 DNA는 태초
에덴 은밀한 곳, 선악과 화투패, 뱀
시날 평지 바벨에서 보좌로 쏘아 올린
특이한 사냥꾼 니므롯의 화살 트럼프
마지막 판돈을 건, 악의 화신 빌라도 카드
후예들은 놀음과 노름의 경계를 넘나들며
국책 프로젝트 빌미로 벌이는 놀음마당
떡보다, 고물이 더 차지도록 각색된 노름
강도처럼, 선량한 눈을 속이는 판을 펼친다.

꿈. 2

종일 다투고 잠이 들었다
바다 한가운데 솟은 바위에
겨우 매달린 꿈
시커먼 구름, 성난 바다에 갇힌 사면초가
무서운 파도 덮쳐오는 순간 화들짝 깨어
휴, 겨우 턱밑 두려움 몰아낸다
파도에 휩쓸려가다
간신히 바위 끝 잡고 살아났다며
살짝 바꿔치기하고선,
진짜 싸우지 말자 속 다짐 새긴 후
끌어당긴 이불, 꿩처럼 머리에 뒤집어썼다.

너는 슬프고 나는 잔다

절박한 네 눈빛 읽으며 잠을 청한다
기우는 겨울 햇살보다 위축된 동공
기약되지 않던 삶이 야속해 미리 앓는 절망
붉은 낙조 그 빛의 화살촉으로
가슴 뚫어 핏물을 쏟아내고야 만다

태양은 검은빛으로 고독하게 돌아눕고
하얗게 눈부신 갯벌을 품은 강
점점 불그스레 심연의 침묵을 담는 노을
無慾의 마음, 어둠 속에서 별을 빛내고
새벽녘 너의 시간 속으로 내려오리
나의 해는 그 시간,
오늘을 비추던 그 자리,
그대로 비질하듯, 눈부신 결을 반짝이다
큰 걸음으로 일어선다

빛 사이사이 그늘에서 나는 잠을 청한다
슬픈 눈을 감기 운 채 빛 속에서
꾸벅꾸벅 졸다 화들짝 깨어난다.

복상사 장례식장

영정-근엄한 남자의 미소
상주-조폭 등장 영화 속 같이 늘어선 친자들
슬픔-어디에도 오지 않고
눈물-정작 조문하지 않은, 떫은 표정 멍한 눈
사연 모르는 지인 몇-눈물 글썽이다 왠지 모를 차가움에
그것마저 거둔다.

여타 문상객들-
여기저기 구겨진 체
일회용 접시에, 일회용 수저를 들고,
일회용 종이컵에 소주를 채운다.
밥과 국마저도 일회용 종이 그릇
오래 두고 기억되지 않을 것들로 통일한 듯
처음 들어설 때 어색함 그대로 자리를 털고 일어선다.

망자의 삶-
오래 쓰이지 않고 그랬듯이
그와의 기억들이 큰 비닐에 음식물 더럽힌 그대로
한꺼번에 곤두박질쳐 버려진다

망부-
죽은 남편을 기다린다는 그녀

장마가 휩쓸고 간 뒷자리
큰 나무 꼭대기 여기저기 걸린 넝마 조각 기억 속
어딘가 있었던 좋은 시절의 어떤 이야기도
쥐구멍에라도 숨은, 발 빠른 놈처럼 흔적조차 없고
두런두런 웅성거리는 모든 소리는
비웃음과 조롱의 화살이 되어 심장을 뚫고 사지를 결박하니
어디에도 눈 둘 곳도, 발을 디딜 곳도 없는 그 황량함
그래도 남편이 있을 때 좋았다는 허무맹랑한 말을 듣는 순간
식었던 피가 거꾸로 솟아,
눈에 서릿발 같은 한기로 까닭 없는 이를 쏘아대니
미움도 힘이 된다, 그거라도 짚고 일어나라는 동문서답
또다시 부화를 부채질 하고야 만다

에필로그-
앙상한 겨울 가지로 남겨진 그녀
수만 가지 위로의 말들이
어시장 좌판 위, 반쯤 썩은 생선 같지만
누구에게든 봄은 오기로 되어 있으니
그녀의 봄이 누구 것보다 달콤했으면, 따스했으면 좋겠다
그랬음 좋겠다, 널빤지 양지 볕에 말려 둡니다.

어린 트로트 가수

너는 아니?
구성지게 꺾어 넘기는 대목 속
우리 민족의 아픈 역사를
어렴풋이 짐작은 하는 게니?
칼바람 휘몰아치던 흥남 부두
생사의 갈림길, 울부짖던 아우성을,
홑 겹 속옷에 오들오들 떨고 있던
동생 손 피맺히도록 잡아끌다
놓치고 절규하던 그 날을

겪지 못해 절제된 감정처리
나비넥타이 야무진 육학년 소년,
녀석이 알 수 없는 그 날
살 떨리게 매섭고 두렵던 공포조차,
민망한 흥겨움의 박수 이끄는 소도구
조금은 헐렁한 점무늬 정장 차림새
아픈 기억도 세월이 흘러 희석되듯이
그날의 흥남 부두는 신동 탄생의
팡파르를 터트리는 무대가 된다

올겨울이 따뜻해서 다행이라는 듯.

장마

비는
어제도 그리고 오늘도 온다
내일도 온다는 기별이다
해는 토라진 당신처럼
애저녁 나를 찾지 않을 건가 보다
곰팡내와 친구 먹은 빨래 냄새
지루한 눅눅함에 지쳐갈 즈음
말리길 포기한 젖은 우산을 들고
젖은 채 더러워진 운동화에
앙탈 부리는 발을 억지로 넣으며
진한 빗소리에 주눅 든 벽을 향해 뱉는다
'어쩌라고'.

천관녀. 1

석굴암 비천 보살상이 된 여인
나라 잃은 가야 귀족 유신랑
비장한 칼, 말머리를 자르고 떠난 밤
첨성대 속 밤하늘 살피는 눈망울엔
하나하나 별이 담긴 채 이슬이 맺혔다

어여쁜 소녀 신녀가 되었을 때도 울지 않았다
대야성이 무너지는 날 형제들 목이 잘리고
어미가 뛰어내린 그곳에서도 울지 못했는데
기다리던 유신랑은 오지 않고
외마디 말 울음 끝 사립문밖엔
그날처럼 또다시 자욱한 피비린내 몸서리
하늘 뜻이라면, 님의 마음이라면
솟구치는 눈물 심장에 꽂혀 꺼이꺼이 목이 쉬는데
숨도 쉴 수 없는 시간은 그녀 없이 흐르고
사랑을 믿지 않는다. 사람의 일을 믿지 않으마
오동나무 장롱 속 고운 신녀 옷
비천 보살 너울 되어 두르고
별자리를 헤아리려 첨성대를 오른다.

천관녀. 2

비운의 아름다움
거추장스레 발목 붙드는 밤
부침 많은 세상 적막한 하루
익숙한 골목조차 낯설기만 해
땅거미 짙어지는 서라벌 장안
가가호호 등잔불 외로움을 켠다
한여름 쏟아지는 별빛 운무에
지난 이야기 속 그리운 얼굴, 별을 보태고
오늘은 어찌어찌 지새었건만
이국도 본국도 아닌 몸 기약이 없어
동녘 붉은 해는 망설이고 있구나.

천관녀. 3

갈바람 스산한 밤
별의 기운 아직 형형한데
빛 저문 뒤란 벽오동 너른 잎
때 이른 낙엽이 진다
노 장군 승전보에 조였던 맥이 풀려
청동거울 앞에 앉는 여인
올 까닭 없는 옛 임 안도하는 밤
수양버들 같았던 머리채의 기억
하얗게 서리 내린 오늘
한 올 한 올 빗어 올리는 손이 흐느낀다
바람이 다시 그 시절을 불러온 데도
횡 한 가슴 마지막 남은 잎 모두 떨구고
여인은 오랜 그리움의 끈을 놓는다.

김민주 시집 『다섯 번째 계절』 해설
조리개에 투영되는 형상의 여백

김 욱 동 시인

1부·노란
- 첫 만남 -

김민주 시인의 첫 시집 『다섯 번째 계절』 70편을 만났다.

「처음」이란 의미와 「다섯」이란 숫자가 어지럽게 뒤섞였다.

책상 위에다 며칠을 묵히다 머리에 인체 새벽녘 두물머리를 찾았다.

물안개가 걷힐 무렵 서서히 윤곽이 드러나며 기지개를 켜는 수초와 물오리를 줌인하며 장엄한 파노라마를 연출하는 강 건너 분원리의 산하가 조리개 안에서 정리되는 찰나, 허한 과시, 난삽한 치장이 절삭된 결기의 형상들이 절제된 여백으로 이윽고 아침을 맞이하고 있었다.

김민주 시인의 「처음」은, 순서상 서열이 아니라 「비로소」라는 의미이다.

  쌓이고 갇혔던 물꼬가 트이자 폭포가 되어 쏟아지듯 정직한 노동의 삶을 영위하면서 담아온 심상의 암실이 우리에게 눈부신 경이로 다가온 것이다.

> 나의 손은 늘 분주했습니다
> 거칠고 투박함 속에 담긴 진실
> 때론 깃발의 이념일 수도 있었습니다
> 소녀의 손은 가늘고 애처로웠답니다
> 첫 월급 만 원짜리 네 장은 무서움이었습니다.

– 「손」 부분

  – '제가 스스로 선택한 것 중 가장 잘했다고 생각되는 것은 이혼입니다' 라고 고해성사 신부님을 당황케 했다는 얘기는 봄, 여름, 가을, 겨울의 순환이 퇴적된 또 하나의 계절이며, 맹자가 말한 인간 본성 仁, 義, 禮, 智 사단(四端)의 바탕을 비켜선 여백으로 이곳에서 김민주의 시편 70여 편의 맥이 되어 「어울림 한마당」을 이룬다.

  그것은 七情의 (喜, 怒, 哀, 樂, 愛, 惡, 慾) 경계마저 슬그머니 벗어나려는 의뭉한 의도가 아닌 극한의 상태에서도 견뎌야 하는 아픔조차 영롱한 시어로 꿰고야 마는 태생적으로 시인일 수밖에 없는 김민주의 심상에 여과된 형상으로 해석된 분수령의 결과물이다.

남자는 떠나며 말했다
너는 上品이니 금방 팔릴 거라고
아, 내가 빛깔 좋은 과일이었구나
- 중략 -
누가 누굴 소비하는 세상, 징그럽다
더, 더 무서운 건
내가 내 인생을 소비했다는 걸
오늘에서야 알았다.

- 「소비도시」 부분

  다섯 남매의 성장 과정에서 독특한 성정들이 부침 되고 형성된 관계성에서 해석되고 재해석되는 변화의 시발은 고향 쌍둥이 산에서 비롯되었다.

달이 울먹이자
강은 흐르기 시작했다
쌍둥이 산에서 발화된 아버지의 강
달 표면에 깊은 골짜기를 그었다.

- 「보름달」 부분

  이후 시인의 조리개 안에는 사과 서리하던 날 노란 안개로 피어오르던 동네 어귀의 산수유 고목에 걸쳐 앉은 유년 시절 당찬 자신의 모습이 - 「산수유 노란 꽃」, 속에 하늘거렸다.

여름 장마철 때때로 범람하던 보성강 줄기가 집 툇마루까지 차오르는 꿈에 가위눌린 기억으로 서러웠던 일, 「꿈」은 지금도 생생한 아픔이었다.

그래서 망원렌즈가 부착된 그 시절 담임 선생님의 망원경에 비친 시인의 모습은 「담임 선생님의 망원경」에서 당돌한 아홉 살배기의 스스로 생을 마감할 뻔한 이유를 끝내 찾지 못하고(다행스럽게도) 「쑥, 비밀」 – 중에서 렌즈 속 아이들처럼 훌쩍 자란다.

> 그렇게 따가운 햇볕을 오래 견디고 가을이 되면
> 설레는 마음, 항아리 가슴을 조심스레 열겠지
> 잘 삭힌 멸치가 건더기째 넉넉하고
> 고소한 젓 냄새에 엄마는 자랑스레 웃다 전화를 건다
> '야야 이번 젓갈 진짜 맛있다.' 흥분하신다
> 울 엄마 가슴속 묵은 원망도 삭혀졌으면 좋겠다
> 아부지 미운 것도 흰 소금에 몽땅 녹았으면 좋겠다
> 여름이 몹시 더워 젓갈이 더 맛나졌다고 하셨다.
>
> – 「멸치젓」 부분

해마다 어머니가 보내신 멸치젓 속에서 삭여져 가는 소금 같은 여백의 의미를 구한다.

원망처럼 어머니에게 '아부지 미운 것도 흰 소금에 몽땅 녹았으면 좋겠다.' 말하지만 오히려 자신의 심상에 지

워지지 않은 불편한 흔적들을 포맷해버리는 주문처럼 되뇐다.

2부 · 빨간
- 자유로운 영혼의 깃발 -

시인 김민주의 당당함은 교만이 아니라 자유로운 영혼의 깃발이다.

모두 다섯 부로 나눠진 『다섯 번째 계절』 중 두 번째 「빨간」으로 구획된 부분은 새로운 連으로 다가온 운명 앞에도 자신을 숨기거나 뒷걸음질하지 않는다.

호수는 일렁이고
고요 속 당신도 술렁인다
흐르듯 가는 듯 물결쳐 오는 듯
그대는 호수일까
흐르는 시내일까, 마침내 바다일까
닻을 내리는 다이아몬드 호
달뜬 연인들 흘깃거리며
선창가 네온 속으로 숨어들고
빈 바다만 너울너울 춤추는 시간
마지막 승객으로 남겨진 나는

출항을 꿈꾸는 당신 가슴에
가만히 가만히 꽃을 태울 거예요.

- 「카페 창가에서」 전문

1부 노란과 확연히 구별되는 온도 차이다.
실패를 두려워해서 달아나기보다는 돌이키더라도 부딪쳐보는 당당함이 시인의 조리개를 온통 꽃으로 줌인 하는 곳이다.
이미 1부의 「보리수 수확 철」-에서 보성강 안개가 숨겨준 혼곤한 늦봄 기운을 부처님도 눈감아 주셨다.

보리수나무 아래 가부좌를 튼 부처는
감은 눈 아래 엷은 미소를 달았더라.

- 「보리수 수확 철」 부분

여명이 다가오는 새벽
뜻밖에 내민 당신의 작은 상자
내가 받아도 돼 '미쳤어' 말했다
불쑥 내뱉은 말로 무안해한 약지에
앙증맞은 반지를 끼워주고선
꼭 맞음에 얼마나 기뻐하는지
- 중략 -

- 「반지」 부분

마치 구약성서 중 솔로몬의 「아가서」를 재현하는 듯 열정과 순수가 조리개 안에 오롯이 담겨 있다.

그러나 거슬리지 않은 절제된 언어로도 숨김없는 감정의 진솔성을 그려내는 시인의 저력은 어디까지 이를지 추이가 기대된다.

>몽탕이 몽땅 서럽다
>그럼 난, 이브인가
>멜로디는 가을 숲길로 이어져
>감미로운 몽환이 된다
>
>낙엽이 바삭거리는 길
>이어폰을 꽂고 걷고 싶다
>혼자서 걷고 싶다
>가슴속 누구와는 함께.
>
>– 「이브 몽탕」 전문

소중한 인연으로 이어진 사랑을 단순한 남녀관계의 감정 롤러 고스트가 아닌, 태생적 시인으로서 어느새 심상(心相) 조리개를 들이대는 집념은 결코 흐트러짐 없이 민주의 시편을 집대성한다.

>쿵쿵 쿵쿵 당신의 심장 소리
>난 거칠게 그대의 박동을 삼킨다

그러나 이내 들키는 천진함

두려움에 주눅 든 붉은 눈,

해맑은 나를 보는 순간, 회한을 건너

쿵쿵 당신의 발작 같은 경련

재빨리 핏덩이를 삼키고 나른한 잠에 빠진다

내 속에서 뛰는 또 다른 심장, 당신

지워졌던 원초의 나를 잉태시킨다

쿵쿵 쾅쾅 갑절의 무게

비틀거리며 당신으로 향하는 나의 걸음

이윽고 혼돈이 멎은 날부터

당신은 나의 심장을 지배하고 명령한다

처음 당신을 만났던 그 날처럼.

— 「나는 당신의 심장을 먹는다」 전문

서정에서 시작된 김민주 시인의 아가서는 호메로스의 패러독스적인 귀결로 뜨거움을 식히면서 일상으로 자리매김한다.

3부 파란
— 작은, 그러나 꽉 찬 책꽂이 —

언젠가 시인들의 모임에서 「좋은 詩」에 대한 정의를 나눈 적이 있었다.

수많은 견해를 혀 도마에 올려놓고 설왕설래하다 두 가지의 의견이 대부분의 면면에 공감을 얻었다.
　하나는 의미가 깊고 고상한 주제라도 쉽게 쓴 詩가, 유아독존적인 자아도취의 시류에 편승하는 난해한 시보다 생명력이 길다는 것이었다.
　소월의「진달래」박목월의「나그네」서정주의「국화 옆에서」정지용의「향수」윤동주의「서시」등등
　두 번째는「밥 詩論」이었는데 밥을 지을 때 쓰는 쌀과(주지적인 요소), 물의(주정적인 요소)비율이 적합하지 않으면 먹기에 불편하여 외면받는다는 이론이었다.
　너무 물러서 죽 같이 되어버린 밥도, 너무 단단하여 소화가 힘든 밥도, 심지어 생쌀 같은 밥도 외면되고 버려지기에 적합한 비율의 밥(詩)을 지어야 한다는 것이었다.

　김민주 시인의 시집『다섯 번째 계절』의 70편은 그렇게 난해한 詩도 그렇다고 감정의 설사 같은 무르기도 아닌 적당한 군기로 기름이 자르르 흐르는 햅쌀밥 같다.
　그것도 펼치는 독자들에게 시간과 세대의 편차를 최소화하기 위한 정성의 방짜유기 밥주발에 소담스럽게 담겨 아랫목 이불 속에 묻어둔 시인의 정성이 엿보인다.
　하지만 그 쌀과 물은

　　그렇게 따가운 햇볕을 오래 견디고 가을이 되면
　　설레는 마음, 항아리 가슴을 조심스레 열겠지
　　　　　　　　　　　　　　　　　－「멸치젓」부분

시인의 연륜만큼의 풍상과 따가운 햇살을 견디고, 깊은 우물에서 길은 정갈한 정화수 같은 것이다.

선조 퇴계 이 황이 "고인을 못 봬도 가던 길 앞에 있네." 「도산십이곡」에서 노래한 것처럼 하늘에 명멸하는 별 같은 현인 지자들이 남긴 심오한 정신과 사상 올곧은 길을 치열하도록 바쁜 일상 중에도 멀리 두지 않았던 서적을 통해 얻은 쌀과 물이다.
 그래서 쉬움이 가벼움이 아니고, 편함이 거만한 대거리에 대상이 됨을 스스로 뛰어넘는다.

> 몰래 내딛는 호젓한 개울가
> 개켜둔 금침 감촉의 신선한 들숨
> 펼쳐보기도 전 행여 바스러질까
> 조바심치는 상념의 발자국 쫓아
> 슬그머니 흑판에 서는 면면들
> 예수, 석가, 장자, 스피노자,
> 자라투스트라.... 그리고 또 한 사람,
> -중략-
>
> - 「이른 아침」 부분

시인의 오늘이 있기까지 심상에 짙은 흔적을 남긴 분들의 면면이 새벽 산책길 개울가에서 묵상을 통한 깨우침은 시편 전편에 흐르는 정신적인 지주로서의 중후한 배경이 되었음을 숨기지 않는다.

포격 소리, 한밤을 생살 저미듯 나는 총탄 울음
젊은 가장은 제 두려움보다 더 큰 걱정
세 살배기 아들, 아직 처녀티 못 벗은 아내
배 속에는 둘째까지 들어섰으니
몰래 스며든 동굴 속 비좁은 맨바닥에 앉아
추위와 허기도 괘념치 않고 파고드는 산 너머 포성
성큼성큼 발치로 들이닥치는 환영
새가슴 되어 졸아들고, 눈빛이 흔들려도
아무 일 아니라는 듯 힘준 어깨가 저릴 즈음
밤낮을 가늠하기 힘든 동굴 거적을 걷는 총부리 사내들
어느 편이야? 어느 편?
할아버지는 두려움 중에도 어느 편을 들까요?
되묻는 재기로 아버지를 살렸고 고모를 태어나게 했다
칠십 년이 지난 미증유의 대립, 같은 질문을 던진다
어느 편이 될까요?
우리라는 공동체 이름으로 또다시 묻는다
오늘 우리 편이 어디입니까?

- 「어느 편을 들어야 할까요?」 전문

  시인의 저변에 잔잔한 물소리 같은 울림과 문학적 소양의 토대가 되었던 아버지가 들려준 동족상잔의 극한 상황에서 소시민들이 어쩔 수 없는 택한 운명의 길의 모호함을 세상에다 되물음 하고 있다.

  사상이나 이념을 선택하는 갈림길이 주의나 의지, 신

념에서가 아니라 그 순간 던진 주사위에 의해 결코 돌이킬 수 없는 피안의 길로 서버린 대다수 민중의 숙명을 절규하듯 되묻는 깨어 있는 당찬 역사의식을 조망할 수 있다.

    간결한 공간
    몇 권 갖추지 못한 책꽂이처럼
    무한한 텅 빈 풍요도
    코앞에 놓인 찻잔 속으로
    고민도 사랑도 미래도 쏙 들어간다
    우물 안을 꿈꾸며.

                -「찻잔 속 개구리」 부분

 우물 속보다 더 좁고 제한된 공간 속에 머무는 개구리처럼 옹색한 한계를 넘지 못함을 스스로 가늠하며 자아를 성찰하는 성숙함이 때때로 손에 닿는다.

 그리고는 재빨리 머문 자리를 떨고 일어나 태곳적 거침없던 비상을 연습하며 호수의 파란 수면을 벗어난다.

    수면 위 한가로운 듯
    앉아있는 오리는 참 정겹다
    그것도 잠시, 누가 먼저랄 것도 없이
    평평하게 다져진 수면을 길게 가르며

흔적 그대로 하늘 저 멀리 날고 있었다
하늘을 향한 거침없는 기운이
육중한 몸짓으로, 걱정과 부러움이 된다
비 오는 호수
유유히 날개를 터는 오리들은
피어오르는 안개를 타고
어느새 경계를 몰래 감추어 버린다

나는 오리를 좋아한다
특히 비상하는 그 순간의 오리를
그리고 꿈을 꾼다
더 육중한 몸을 도움발, 까치발을 하고서
집오리로 길러진 오늘을 털고서야
태고의 거침없던 날들을 기억해낸다
비 오는 어스름 녘이면 어김없이 물을 차고
비상하는 연습을 오리들에게 들킨다.

- 「오리 날다」 전문

4부 · 초록
- 꿈틀거리는 식물성의 시간 -

살아있는 생명체는 움직인다. 크고 작음이 문제 되지 않고 그 속에 생명력이 존재하는 모든 것들은 머물기를 거부한다.

  동물이나 식물은 말할 나위 없을뿐더러 「학문」이나 「사상」, 「지식」 같은 것도 관심을 가지는 이들로 인해 끊임없이 움직인다.

  발현의 한 사람에서 다른 사람들에게로, 한세대에서 또 다른 세대로 옮기면서 「생성」과 「소멸」, 「확장」과 수렴을 통한 「도태」등의 과정을 거치면서 끝없이 진화한다.

  김민주 시인의 예민한 조리개에 투사된 피사체들이 비로소 생명을 얻는 것은 자명한 일이다.

  더구나 시인의 시적 필터에 여과된 형상은 있는 그대로의 존재가 아닌 김민주의 이타적 애정의 시각에 의해 재해석되면서 심상의 여백에 인화된다.

    탁 트인 바다가 그리울 때 찾는
    다이아몬드 카페 이 층 창가
    드넓게 펼쳐진 보통리 저수지
    한동안 물결만 바라보다
    운 좋게도 바다를 만나게 된다.

    일몰의 시각
    설렘 가득한 출항의 뱃고동
    붉은 유리에 비친 바다는
    흔들리는 수면에다 詩를 쓰고 있다
    촘촘히 행과 연으로 얽히는 물결
    수평선 비등점을 향한 소멸의 파도

연인의 푸른 눈망울마저 봉인한 채
무심한 듯, 유심한 듯 너를 쓰다 보면
비로소 바다는 길을 내고
우리는 무거운 항해를 시작한다.

- 「소멸의 바다」 전문

시인의 앵글이 맞춰지는 곳은 언제나 생명의 역사가 일어난다.

대상은 카페도, 저수지도, 詩도 생명의 항해를 준비하고 길을 낸다. 세상을 향한 시인의 애정이 만물에 부여하는 또 다른 해석의 창조다.

메타세쿼이아 꼭대기에 달을 장착하고
해 질 녘 어스름에서 남은 빛을 밀어냈다
그때야 쓰임새를 알아차린 듯
나무는 살짝 긴장하고, 궤도를 어림한다
　　-중략-
나는, 또다시 별을 장착하고서
먼 옛날 출발한 그의 메시지를 감지한다
메타세쿼이아를 모두 쏘아 올려서라도
당신의 미세한 떨림에 궤도를 맞춘다.

- 「메타세쿼이아 길」 부분

시인은 호젓한 산책로에 묵중하게 늘어선 메타세쿼이아를 유기물이 무기물의 발사체로 전환해 광활한 우주 공간에서 미세한 떨림으로 감지되는 메시지를 찾도록 쏘아 올린다.
자신을 비롯한 수많은 것들의 태초로 명명된 존재의 실존은 찾으러.

    태초의 발화점을 망각한
    기억 소립자들의 방황
    존재로서 존재를 묻는 아둔함
    어디서부터 나인가
    의문 속 너는 무엇인가
    범상을 거부하는 몸부림
    이유도 없이 찾고
    찾을 거리를 만들며 묻는다
    빈 솥단지 걸고 불 지피듯이.

              - 「존재」 전문

위 詩 「존재」의 마지막 연 '빈 솥단지 걸고 불 지피듯이.' 라는 표현은 참으로 생뚱맞다.
시인은 허망하게 느껴지는 무한대로 확장되었던 조리개의 피사체를 일시에 현실로 되돌리는 마술을 기획하는 것이다.

하얗고 긴 자태가 닮았다

햇살에 윤이 자르르 흐르며

산들바람 간지러워 깔깔거리는 잎들

반짝이는 당신 미소를 훔쳤나 했다

– 중략 –

살아남는 게 이기는 것인가

이기는 게 살아남는 것인지

깊고 어두운 곳에 뿌리를 내려야 했지만

그녀는 오늘 싱싱하고 푸릅니다

나무의 하얀 몸뚱이가 하늘로 긴 다리를 놓습니다

그녀의 삶도 속의 꿈도 살았습니다.

─「자작나무 숲이 그녀를 닮았다」 부분

오랜만에 지인, 혹은 친구를 만났다.

세월의 풍상을 겪으며 남긴 흔적들이 애처로웠다. 마치 마멸되어 가는 생명력의 고갈이 마른 잎처럼 버썩거렸다. 자작나무의 생명력으로 겨드랑이를 부축하면서 위로하며 시인 역시 위로받는다.

김민주 시인의 이타적인 마음은 『다섯 번째 계절』 곳곳에서 눈에 밟힌다.

형형한 고운 빛

다난함을 넘어가고

껑충거리며, 구름 속 다리
지난 발자국, 다 세지 못한 채
가고픈 마음은 만추의 끝자락
비록, 함께 거닐지 못하지만,
뉘라도 좋으면 되였지
혹여, 너라도 좋으면 되였지
너여서 다행이구나 했지

사진 속 당신을 보며.

— 「가을 편지」 전문

  사진 한 장 속에서 마주친 행복한 모습, 그것이 벗이든, 연인이든, 아니면 빛바랜 앨범 속에서 사위어가는 추억이든
  뉘라도 좋으면 되였지/혹여, 너라도 좋으면 되였지/너여서 다행이구나 했지//사진 속 당신을 보며.

  시의 마지막 긴 여운, 김민주의 음성은, 마치 山寺의 새벽을 깨우는 범종 소리 같은 깊은 울림의 파장은, 이기심으로 가득 찬 세상을 향해 끝없이 밀려온다.

  연이어 근원도 어림하기 힘든 시인의 가슴 깊이 휘돌아 나온 식물성 눈물의 의미를 미처 천착하지도 못한 채 숙연해진다.

길게 늘어선 물 버드나무에
봄비가 밤새도록 내렸다
강으로 휘늘어진 허리를 굽혀
수면에 깔린 아침 안개 속에서
가지 끝에 방울방울 눈물을 건졌다
물이 많은 녀석인 줄은 알았지만
가지 끝 사이사이 눈물을 보이고야 말았다
오늘은 비가 와, 아무도 안 올지 몰라
안개 때문에 못 볼지도 몰라, 실컷 울다 왔다
강가 물안개 속에 묻어, 오래도록 서 있다 왔다.

- 「비갠 강가에서」 전문

아무도 몰래 방울방울 눈물을 강에서 건지는 「물 버드나무」는 비를 핑계로, 안개에 숨어서, 가슴을 열고 심상의 여백 속 퇴적물로 켜켜이 쌓은 슬픔을 쏟는 시인의 모습이다.

5부·하얀
- 示와 終의 환유 -

미술 시간에 죽음과 관련된 오브제에 굳이 채색하라면 검은색을 주로 썼다.
그것은 「단절」과, 「종말」,적인 의미의 선택이다.

그런데 김민주 시인의 「죽음」 혹은 「내생」의 색상은 투명한 흰색 계열이다.

사후세계나 그 과정인 죽음이 종말론적인 의미보다는 새로운 출발 또는 고리가 끊어지지 않는 연속성의 사건으로 줌인 되어 있다.

> 그리곤 당신을 소멸에서 끄집어낼 거예요
> 나는 당신의 완전한 여인이고
> 당신은 나의 몸 언어로 완벽한 내 남자로 탄생하는 황홀경
> 우리의 사랑은 소멸을 넘어서 눈부시게 생성될 거예요
> 맨 처음 당신을 만난 날처럼.

― 「죽음」 부분

이 시를 접하는 순간 오래전 기사와 오버랩 된다.

2010년 안동 어느 공사장에서 터파기 중에 발견된 400년 넘은 무덤에서 조선 시대 먼저 세상을 떠난 남편을 그리는 「사랑과 영혼의 사부곡」이 머리칼로 삼은 미투리와 함께 발견된 기사다.

그 편지에는 '나도 어서 당신 곁에 가고 싶다'란 부인의 아픈 고백과 꿈에라도 보여주기를 간절히 소망하는 애절한 문장이다.

시인은 언젠가 맞이할 사랑하는 사람과의 별리의 아픔과 소멸을 유추하면서 그날이 와도 슬픔에 자신이 완

전히 함몰되는 것을 거부하는 결기의 몸짓을 드러낸다.

그래서 소멸에서 끄집어내 자신의 몸 언어로 완벽한 환생의 황홀경을 그리며 처음 만난 날을 반추한다.

흡사 소녀 시절 눈물도 없이 보내드렸던 고모의 죽음에 대한 슬픔을 삼 년이 지난 중학교 미술 시간에 불현듯 「상실」, 「영원한 이별」, 「죽음」이란 단어의 의미를 철철 흘린 눈물로 체득한 경험치를 되풀이하고 싶지 않은 결단은, 준비되지 못한 죽음을 배격한다.

> 삼 년 뒤 중학교 미술 시간
> 고모, 상실, 영원한 이별, 죽음,
> 이런 것들이 머리에서 가슴으로 내려오고
> 소녀는 철철 눈물을 흘리며 운다
> 멈출 수도, 숨겨지지도 않은 슬픔은
> 긴 오후의 햇살 속에서
> 소녀의 영혼을 짙게 물들인다
> 이제 소녀는 처음 죽음이란 단어를 배운다
> 고모는 그렇게 나의 곁을 떠났다.
>
> —「고모 죽다」 부분

체험으로 얻은 죽음의 영역은 더 확산해, 상상의 날개를 타고 신라 천년 고도 경주로 향한다. 김유신과 천관녀의 비운을 소멸에서 환생시키며, 미완의 사랑을 「천관녀. 1」, 「천관녀. 2」, 「천관녀. 3」 세 가지 방향의 앵글로 재조명하며 자리매김한다.

　지금까지 김민주 시인 『다섯 번째 계절』의 심미안 속을, 겸손하게 촛불을 밝혀 넘나드는 기쁨과 호사를 누렸다.
　등단한 그해에 첫 시집을 상재(上梓) 하는 신인답지 않은 저력을 가진 시인을 발견한 기쁨과 감사, 건필의 격려를 김민주 시인에게 돌려드리고 싶다.
　특히 「복상사 장례식장」과 「오, 달빛 아래」 등은 시의 형식적 탈피를 시도하며 희곡적인 구성의 도입이 돋보여 참신하다.
　시인이 쏘아 올린 메타세쿼이아로 감지한 우주적 비밀을 탑재한 제2, 제3의 시편을 맞이하는 경이와 기쁨을 기대하며 닫는다.